LETTRE

A

M. LE COMTE DECAZES.

LETTRE

A

M. LE COMTE DECAZES,

MINISTRE DE L'INTÉRIEUR,

ET PRÉSIDENT DU CONSEIL.

PAR TH. DELBARE.

Voulez-vous régénérer une nation abâtardie?
rappelez-la à ses antiques institutions.

MACHIAVEL.

PARIS,

CHEZ LES MARCHANDS DE NOUVEAUTÉS.

1820.

Cette lettre étoit à l'impression, lorsque nous avons appris que M. Decazes venoit d'être honoré du titre de duc, pour services rendus au Roi, et pour son *attachement à la Famille royale*, et que, de la présidence du Conseil, il passoit à l'ambassade d'Angleterre. L'éloignement de ce ministre nous auroit déterminé à supprimer notre lettre, si nous avions appris en même temps que le projet de loi sur les élections avoit été retiré. Mais comme tout annonce qu'il sera soutenu par les adhérens de M. Decazes, nous avons cru ne devoir rien changer à cet écrit, afin que ceux de MM. les députés dont les opinions sont en opposition aux doctrines de l'ex-ministre, puissent profiter des idées que l'amour du bien public nous a dictées.

LETTRE

A

M. LE COMTE DECAZES.

Paris, 18 février 1820.

M. LE COMTE,

Vous avez présenté, il y a *trois jours*, à la Chambre des Députés un projet de loi sur les élections, que vous aviez annoncé il y a *trois mois*. Je ne rechercherai point les raisons qui vous ont porté à tenir les esprits dans une si longue attente ; mais je vous demanderai quel motif vous a déterminé à le présenter brusquement le lendemain d'un crime qui a répandu la consternation dans Paris ? Les deux autres projets de loi, l'un contre les journaux, l'autre contre les *suspects*, ou royalistes, portés dans le même jour aux Chambres, loin de rassurer les esprits, n'ont pû qu'ajouter de nouvelles craintes à leur juste effroi. En effet, votre ambition effrénée, et les soupçons dont vous êtes l'objet, ont dû faire croire qu'insensible à nos douleurs, vous avez espéré obtenir des Chambres, frappées de terreur, tous les pouvoirs nécessaires pour vous élever à la dictature d'un Robespierre ou au protectorat d'un Cromwell. Mais les représentans de la nation auront, je le pense, assez de sagesse et de fermeté pour repousser, sans discussion, les trois projets de loi que vous avez osé leur soumettre, par cela seul qu'ils sont de vous.

Ainsi, je m'abstiendrai moi-même de les discuter. Mais comme il est d'une nécessité absolue que la loi de février 1817, qui nous a donné pour députés des hommes qu'on n'osoit nommer en 1816, et qui a presque ouvert à un Grégoire les portes de la représentation, soit révoquée, j'examinerai si c'est par l'*essai* d'une nouvelle loi ou par le rétablissement de nos antiques institutions, que nous pouvons prévenir le bouleversement dont la France est encore menacée, après trente ans d'*essais* et de révolutions.

Je vais, sans préambule, au fait.

L'horrible attentat qui a plongé la France dans le deuil, et lui fait craindre la tyrannie des jacobins ou la domination de quelque puissance étrangère, m'autorise, M. le Comte, à dire la vérité sans ménagement comme sans détour. Je vous demanderai d'abord si Louis XVIII a été rétabli sur le trône de ses ancêtres par les souverains alliés vainqueurs de

Buonaparte et de son armée (1)? S'il ne doit pas son rétablissement à ses droits héréditaires, spontanément reconnus dans toute l'étendue de la France par le cri répété de *vive le Roi! vivent les Bourbons!* Je vous demanderai si la nation, en reconnoissant Louis XVIII pour son roi légitime, a renoncé à ses droits, à ses franchises, à ses immunités, et si Louis XVIII a voulu l'en priver? Je vous demanderai si, en octroyant la Charte, il a eu l'intention d'annuler la déclaration de Louis XVI, du 23 juin 1789, qui garantit ces droits et ces franchises, et si les Alliés ont été étrangers à la déclaration de Saint-Ouen, dont la Charte n'est que le commentaire? Je vous demanderai si la déclaration d'Hartwel sembloit nous promettre le régime soi-disant constitutionnel auquel la France est soumise depuis six ans? Je vous demanderai encore si les révolutionnaires placés à la tête du Gouvernement, et soutenus par les *Alliés*, ont permis jusqu'à ce jour à Louis XVIII d'améliorer la Charte, en nous donnant les institutions qui en dérivent, et s'ils ne s'y sont pas au contraire constamment opposés, pour conserver

(1) Voyez la Lettre de M. Froment, secrétaire du Cabinet du Roi, à M. le marquis Dessoles, président du Conseil des Ministres, sur la politique des Alliés, imprimée en mars 1819: Voyez également les deux articles de M. de Châteaubriand, *sur le même sujet*, publiés au mois d'août 1819, et insérés dans les 45e et 47e livraisons du *Conservateur*.

leur pouvoir arbitraire et maintenir leur système de centralisation ? Enfin, je vous demanderai si Louis XVIII a été libre et entièrement libre dans le choix de ses ministres, en 1814 et en 1815, et si les Alliés pouvoient donner aux révolutionnaires une garantie plus forte de leurs dispositions à les soutenir, qu'en approuvant, comme ils l'ont fait à Aix-la-Chapelle, la marche du gouvernement françois, depuis le 5 septembre 1816 (1)?

Je prévois, M. le comte, que vous me demanderez à votre tour dans quel but et à quelles fins, les révolutionnaires et les Alliés se prêteroient mutuellement secours contre les vrais François et contre les Bourbons ?

Dans quel but, M. le Comte? Le voici.

Les révolutionnaires, en réclamant l'appui des Alliés, par des motifs spécieux que ceux-ci ont eu l'air de croire bien fondés, se sont flattés et se flattent plus que jamais de jouer les souverains, de soulever et d'armer, contre eux, tous leurs adhérens et complices, et d'asservir l'Europe entière pour la seconde fois.

De leur côté, les Alliés ont calculé avec plus de raison que les sourdes menées des révolutionnaires leur permettroient de présenter, à tous les peuples de l'Europe, la France entière, comme un repaire

____

(1) Voyez la Lettre au marquis Dessoles.

de Jacobins. Ils ont calculé qu'en prenant quelques mesures coërcitives chez eux, ils contiendroient aisément tous les ennemis des trônes, et arriveroient au despotisme militaire. Ils ont calculé que nos révolutionnaires, hors d'état d'entraîner la *masse*, leur faciliteroient, par l'oppression et le désarmement des royalistes, les moyens de disposer de la France à leur gré.

Si les Alliés n'ont pas eu le dessein de dépouiller les Bourbons et de rayer la France de la carte de l'Europe; ou, si après avoir eu ce dessein, ils y ont sincèrement renoncé, par la crainte que leur inspirent les novateurs de toutes les nations; s'ils sont convaincus que le foyer de toutes les séditions est en France, qui les empêche de déclarer solennellement à Louis XVIII que, trompés par les perfides promesses des révolutionnaires, ils ont enfin ouvert les yeux, et que, responsables devant Dieu et devant les hommes du salut de l'ordre social et du maintien de toutes les légitimités, ils l'invitent non-seulement à éloigner de toute espèce d'emploi, mais encore à placer sous la surveillance la plus sévère, les novateurs et les artisans de troubles.

Cette mesure suffiroit pour rallier autour du Roi l'immense majorité des François; et l'Europe n'auroit plus rien à craindre des rêveries du siècle lorsqu'on auroit retiré des mains des révolutionnaires toutes les ressources de l'Etat, qu'on leur a si imprudemment confiées. Les révolutionnaires, atroces quand ils peuvent assassiner impunément, et lâches quand il y a des dangers à courir, s'estimeroient trop heureux de faire oublier le passé, et de se faire oublier eux-mêmes.

En proposant aux Alliés de faire cette demande au Roi, ce n'est pas les inviter à s'immiscer dans nos affaires; c'est au contraire les supplier de ne plus s'en mêler à l'avenir, et de rendre à la France l'indépendance qu'ils lui ont ravie. Si les Souverains repoussent cette idée; disons mieux, si elle ne se présente pas à leur esprit, il sera démontré, aux yeux de tout observateur judicieux, qu'ils sont les vrais auteurs de la fermentation qui règne en Europe. Que, loin d'en être allarmés, ils la croyent nécessaire à l'exécution de leurs projets ambitieux, et que le ministère ainsi que les révolutionnaires françois ne sont que des instrumens dans leurs mains.

Dans cette supposition, qui n'en est réellement pas une, voyons donc quels sont les moyens qui nous restent pour triompher tout à la fois des puissances co-partageantes (1) et des ennemis intérieurs de l'Etat et des Bourbons. Si vous n'avez juré la ruine

____

(1) N'est-il pas de fait que les quatre grandes puissances se sont partagé les conquêtes de Buonaparte, et qu'elles seules ont profité des excès et des usurpations des révolutionnaires ?

de notre patrie et de la famille royale, M. le Comte, vous devez employer toute votre influence sur l'esprit du Roi pour lui faire adopter ces moyens.

Ils se réduisent à deux, et les voici :

Le premier est de rendre à la religion toute son influence pour ramener le peuple à ses devoirs.

Le second est de rétablir nos antiques institutions, pour arrêter les progrès de l'égoïsme, créer un esprit public, et donner à la Charte des bases éternelles.

Je parlerai brièvement du premier moyen dont la nécessité est généralement sentie depuis long-temps par tous les bons esprits ; et je dirai que vous n'avez pas voulu rendre jusqu'à présent à la religion catholique toute son influence, lorsque vous avez appelé, à la tête de votre ministère d'où ressortent les affaires ecclésiastiques, un des Calvinistes les plus ardens , M. G..... ; lorsque vous avez placé un autre protestant, M. C....., à la tête de l'instruction publique ; lorsque vous avez souffert que M. G...., lors des persécutions exercées contre les Missionnaires de Brest, soutînt secrètement dans les bureaux du ministère, et publiquement dans son journal, ceux qui se sont portés à des excès contre eux (1); lorsque vous vous êtes opposé à ce que le

(1) Voyez à ce sujet les violens reproches que le *Journal des Débats* a adressés à M. G......

nom même de la religion figurât dans une loi. N'est-il pas affligeant de voir que des ecclésiastiques constitués en dignité aient adopté eux-mêmes votre système de protection en faveur des ennemis de la religion (1)? Ces ecclésiastiques ont-ils oublié l'histoire du calvinisme, et les excès journaliers des sectaires, depuis l'origine de la révolution jusqu'à ce jour? Excès commis contre la croix, contre l'autel, contre les ministres et contre les simples fidèles (2).

(1) Voici les propres termes du dernier Mandement de monseigneur l'archevêque de Paris : « Nous ne saurions « nous persuader que les ennemis de la croix soient si re- « doutables, dans un royaume où de si nombreux fidèles « forment autour d'elle un insurmontable rempart, et où « nos *frères égarés* eux-mêmes la révèrent et la regardent « comme l'unique source de la justification, et se réu- « niroient à nous pour la défendre, bien loin de témoigner « le coupable désir de voir effacer ce signe auguste, ensorte « qu'il ne lui reste en France d'autre ennemi que l'im- « piété. »

Ce sont d'étranges amis de la croix que ces *frères égarés* qui dévastent les églises, traînent le crucifix par les rues, et le battent à grands coups de verges, pillent les vases sacrés et égorgent les prêtres, comme l'ont fait les Calvinistes du Midi, en 1566 et en 1790! (Voyez la note à la fin de la Lettre.)

(2) Il parut en 1797 un ouvrage qu'on sait être de M. Sourdat, ancien magistrat de Troyes, quoiqu'il ne porte pas son nom, et qui a pour titre, *les vrais Auteurs de la Révolution.* Il est prouvé, par cet ouvrage, que ce sont les

Passons au second moyen, M. le Comte.

La Charte sera toujours insuffisante, disons mieux, elle sera une source continuelle de troubles, de divisions, de révolutions, tant que la Nation ne

Calvinistes qui sont ces vrais auteurs ; que, de tout temps, ils ont été les plus implacables ennemis de la religion et de la légitimité, et les plus zélés défenseurs de la souveraineté du peuple. Personne n'ignore que les Calvinistes n'ont jamais pardonné à Henri IV de n'avoir pas déclaré leur religion, religion de l'Etat. Personne n'ignore leur haine implacable contre Louis XIV. Jamais ils ne pardonneront à ses descendans la révocation de l'édit de Nantes, dont les motifs n'étoient que trop justes et trop fondés. Le massacre de 800 Catholiques, à Nîmes, en 1790, que rien n'avoit provoqué, est une preuve sans réplique de l'esprit intolérant et cruel de la secte. Je sais qu'il y a des exceptions à faire, mais elles sont très-faciles à compter.

Les journaux se sont plaints qu'on n'ait pas employé le télégraphe pour annoncer aux principales villes du royaume l'assassinat de Monseigneur le Duc de Berry. Mais comment l'a-t-on su à Nîmes le 16 ou 17 au plus tard ? Est-ce par le télégraphe de Lyon ou par un courrier extraordinaire ? Nous savons par des lettres de Nîmes, datées du 18, que, ce jour-là, toute la ville étoit instruite de l'assassinat. Sont-ce les Calvinistes de Paris qui se sont empressés de transmettre cette bonne nouvelle, à 175 lieues, à leurs frères et amis ? M. le procureur-général de la Cour Royale de Paris ne pourroit-il pas employer son ministère pour découvrir et rechercher les motifs secrets qui ont déterminé l'envoi urgent de cette nouvelle à Nîmes, où il n'y avoit ni comman-

rentrera pas dans la jouissance pleine et entière de ses droits, priviléges et immunités. Je l'ai dit à la fin de 1815, dans mon ouvrage intitulé : *Les Cons*

dant militaire, ni préfet, et où l'autorité étoit tout entière dans les mains des Calvinistes ?

Au reste, ce n'est pas d'aujourd'hui que les Calvinistes de Nîmes sont si bien servis par les Calvinistes de Paris. Deux jours avant qu'on sût dans cette ville, par la voie des journaux, la perte de la bataille de Waterloo, plusieurs protestans en étoient instruits; et ce fut après cette bataille qu'ils demandèrent aux souverains alliés un prince étranger pour régner en France au préjudice des Bourbons.

Ce n'est pas seulement en nouvelles qu'ils sont si bien servis, ils le sont aussi de même dans leur haine et dans leur vengeance. Le nommé Servan, catholique et royaliste de Nîmes, n'a péri sur l'échafaud qu'à la poursuite des Calvinistes, qui ont voulu pouvoir dire qu'il y avoit eu réaction, en 1815, dans le Midi. Il est de notoriété publique, dans Nîmes, que Servan étoit innocent du crime dont on l'a accusé, et qu'il se trouva seulement dans le groupe d'où partit le coup, pour lequel il a été condamné. Son curé, M. Bonhomme, étoit si convaincu de son innocence, qu'il lui conseilla de se constituer prisonnier, pour purger sa contumace, quoiqu'il sût très-bien que les Protestans avoient, par G....., la plus grande influence dans le Gouvernement, et toute l'autorité dans le Midi. M. le général G...., qui est venu demander sa réintégration, avoit des appuis plus certains et des assurances plus fondées de réussir, quoique sa conduite envers Monseigneur le Duc d'Angoulême, après la capitulation de La Palue, méritât la dernière peine. Aussi

tutions révolutionnaires en opposition avec la volonté générale de la Nation. « La Charte royale
« ne pourra se naturaliser en France, que lorsque
« Louis XVIII, portant un coup d'œil sur notre
« état ancien et sur les cahiers de baililages de 1789,
« nous rendra le régime municipal et les adminis-
« trations provinciales que la révolution a dénatu-
« rés, que Buonaparte a détruits et auxquels l'or-
« donnance du mois de septembre 1814, relative
« aux finances, a porté le dernier coup. »

Depuis nos bouleversemens politiques, les institu-tions constitutives nous manquent. Nos premières

le sort des deux a-t-il été différent. Servan, dont la sentence de mort a été confirmée, s'est pourvu en grâce; mais il est plus que probable que sa requête a été arrêtée dans les bu-reaux du ministère; les royalistes même, sous lesquels il a servi, et qui auroient dû provoquer l'opinion publique, en dévoilant la vérité, ont gardé le silence : Servan a été im-molé. Le général G...., véritable auteur de tout le désordre du Midi, sur la demande de S. A. R. le Duc d'Angoulême, a obtenu, le 11 février, tout ce qu'il désiroit, peut-être même plus qu'il n'espéroit, et, le 13, l'infortuné Duc de Berry tombe sous le coup d'un des assassins aux gages des conspirateurs. Il est à remarquer qu'au moment où M. le premier président Seguier parloit au Roi des *joies féroces* qui avoient éclaté à la nouvelle de l'assassinat du prince, on apprenoit de Nîmes que les Protestans alloient tous les soirs, à la nuit, danser sous les fenêtres du père, de la veuve et des enfans du malheureux Servan.

assemblées, qui les ont détruites, n'avoient rien mis à leur place. Buonaparte, avec son régime impérial, avoit resserré l'administration de toute la France dans une circonférence de trois lieues, et sous les ministres de Louis XVIII, cette centralisation, devenue plus abusive sans être aussi ferme et aussi active, a enlevé à la France, à toutes ses provinces, à toutes ses communes des droits et des libertés que le despotisme de Richelieu avoit respectés, que Louis XIV, tout jaloux qu'il étoit de son autorité, avoit reconnues. Les ministres de Louis XVIII ne savent mettre à la place de ce qui nous manque, que des lois d'élections. Ils ne peuvent pas comprendre, peut-être même ne se doutent-ils pas que des lois d'élections, sans institutions constitutives, sont des lois révolutionnaires, et qu'avec ces institutions elles ne sont plus qu'un objet de règlement. Aussi les provinces et les communes de France sont-elles aujourd'hui sans garantie, elles ont perdu toutes leurs sûretés.

Seroit-ce dans les Chambres qu'elles pourroient les retrouver ? Mais s'il vous plaisoit, M. le-Comte, de les tenir closes, et de gouverner avec des ordonnances et au gré de votre caprice, où seroient les sûretés et les garanties ? Les provinces et les communes réclameroient-elles par elles-mêmes l'exécution de la Charte ? Protesteroient-elles contre la levée violente des impôts, ou contre les atteintes portées à la liberté des personnes et des écrits ? Mais les provinces, mais les communes ne sont plus en France que des aggrégations d'individus. Ce sont des corps sans âme, qui se meuvent ou s'arrêtent au signal d'un préfet ou d'un maire, et qui n'ont plus qu'une autorité illusoire depuis qu'on leur a ôté leur principe de vie. Seroient-ce les Colléges Electoraux qui opposeroient une barrière aux entreprises du despotisme ? Des Colléges Electoraux réunis sans convocation légale sont des attroupemens séditieux et deviennent les premiers destructeurs des libertés publiques. S'ils résistent à un gouvernement sans nerf et sans vigueur, c'est pour déchaîner le peuple et non pour le servir.

Il n'en étoit pas ainsi du temps de nos Etats provinciaux : l'autorité trouvoit en eux un appui ou une résistance légale et respectueuse, toujours fondée sur les intérêts communs de la société. C'étoient là les institutions constitutives de notre monarchie. Les races de nos rois ne tenoient pas plus à la France que ces antiques institutions. Plus d'une fois elles ont préservé le royaume des entreprises du despotisme, des empiétemens de l'autorité, des usurpations des ministres, et plus d'une fois aussi elles ont empêché l'invasion de l'étranger, ou aidé puissamment à en secouer le joug et à l'affranchissement général. Voyez dans l'Ouvrage de M. le baron Trouvé, tout ce que les Etats du Languedoc ont fait d'utile, de grand et de généreux pour la province. Pensez-vous que Buonaparte eût été facilement renversé par les Alliés, si, avec l'immense pouvoir qu'il avoit acquis en Europe et l'autorité absolue qu'il exerçoit en France, il eût trouvé, dans des Etats provinciaux et dans le régime municipal, des secours et des ressources dont il ne se doutoit pas ? Au lieu d'arracher de force aux départemens des hommes et de l'argent, les conseils municipaux et les Etats provinciaux auroient voté, librement et avec enthousiasme, tous les subsides, toutes les levées que le danger de la Patrie réclamoit alors ; et l'on auroit vu que le zèle à défendre ses droits, ses libertés, ses priviléges est bien autrement efficace que le système violent des réquisitions et de la conscription.

La France n'auroit pas été si mal administrée depuis quatre ans, elle ne seroit pas aujourd'hui si prochainement menacée d'une catastrophe ; si on avoit permis à Louis XVIII, héritier de nos Rois, de prendre tout à la fois les charges et les avantages de la succession, comme c'étoit son intention, d'après sa proclamation datée de Vérone, en 1795. La couronne étoit sans contredit sa propriété, mais la Nation avoit aussi une propriété qu'on lui avoit injustement ravie. C'étoit ses institutions ; c'étoit les droits de ses communes ; c'étoit ses Etats.

M. Fiévée, dans sa *Correspondance Adminis-*

trative, avoit réclamé, dès l'année 1814, l'éta-
blissement des administrations provinciales; il avoit
fait sentir la nécessité de rendre aux propriétaires
toute l'influence qu'ils doivent avoir dans la constitution. Tous les hommes sages et éclairés ont
approuvé les idées de ce publiciste. Mais vingt-
cinq ans avant que M. Fiévée écrivît, un agent
des princes, qui a rempli pour eux pendant toute
l'émigration des missions importantes dans les dif-
férentes cours de l'Europe, M. Froment, aujour-
d'hui secrétaire du cabinet du Roi, avoit présenté
là-dessus à sa Majesté, un Mémoire, qui depuis a
été imprimé sous le titre d'*Observations sur la
Russie, relatives à la révolution de France et à la
balance politique de l'Europe*. Dans ce mémoire,
M. Froment démontroit que les États provinciaux
et le régime municipal étoient les deux bases essen-
tielles de la constitution de France, il proposoit de
diviser le royaume en vingt-quatre grandes provinces, division qui convenoit mieux et qui étoit
plus dans l'esprit d'une monarchie puissante, que
le morcellement qu'on en a fait par départemens.

« Si chaque province avoit, dit-il, des Etats
« particuliers et une administration particulière,
« elle formeroit un corps assez puissant pour en
« imposer au ministère, sans être redoutable à
« l'Etat.

« Si, au lieu de districts, de sections, etc., il
« y avoit dix cantons, diocèses, ou départemens,
« et des communes dans chaque province ou gou-
« vernement, et que les communes pussent dépu-
« ter aux cantons, les cantons aux assemblées de
« gouvernement, et celles-ci à l'assemblée repré-
« sentative, il seroit difficile aux citoyens inca-
« pables ou mal famés de passer par tant de scru-
« tins et de s'élever à la dignité de représentant
« de la Nation. »

Dans des écrits subséquens, M. Froment est
revenu sur ces idées, et leur a donné de nouveaux
développemens, que les circonstances forceroient
peut-être à modifier, mais dont le fond est incon-
testable. Voyez ses Lettres à M. le comte de Blacas,
au marquis de Foucault et au marquis Dessoles.

Avec des Etats provinciaux, l'influence minis-
térielle seroit nulle dans les élections ; car ces Etats
ou assemblées ne nommeroient jamais ou presque
jamais que des hommes animés de leur esprit,
guidés par les mêmes besoins, inspirés par les
mêmes intérêts, qui seroient ceux de la province
et des vrais propriétaires.

Avec des Etats provinciaux tout à la fois admi-
nistrateurs et électeurs, on ne seroit pas obligé de
demander *tous les ans six mois de provisoire*. Les
étrangers, qui *méditent notre ruine*, n'auroient

pas la facilité de faire nommer députés, des émis-
saires qu'ils peuvent envoyer s'établir en France ;
car des Etats provinciaux ayant le droit exclusif de
députer à la Chambre, ne jetteroient pas à coup
sûr les yeux sur eux. Et ceci me rappelle qu'en
1789, lors de la convocation des Etats-Généraux,
le ministre Necker, pour détruire les droits des
provinces, ayant voulu transférer le droit de dé-
putation aux bailliages, les deux premiers ordres
de la Bretagne refusèrent de nommer plutôt que
de laisser perdre leurs priviléges, et il n'y eut que
des députés du Tiers-Etat de cette province.

Louis XVIII n'a point oublié que son frère,
Louis XVI, par sa déclaration du 23 juin 1789,
avoit accordé à ses peuples tout ce que ses peuples
avoient demandé quelques mois plus tôt (1). A la

(1) Les articles de cette déclaration, qui concernent les
Etats provinciaux, méritent d'être ici rappelés.

ART. 17. Il sera établi dans diverses provinces ou généra-
lités du royaume des Etats provinciaux.

ART. 18. Les membres de ces Etats provinciaux seront
librement élus, et une mesure quelconque de propriétés sera
nécessaire pour être électeur ou éligible.

ART. 20. Une commission intermédiaire, choisie par les
Etats, administrera les affaires de la province pendant l'in-
tervalle d'une tenue à l'autre.

ART. 21. Indépendamment des objets d'administration
dont les Assemblées provinciales sont chargées, le Roi

fin de cette déclaration , Louis XVI dit aux députés : *rappelez-vous , messieurs , que vous ne
pouvez rien faire sans moi.* Dans le mémoire
qu'il laissa lors de son départ pour Varennes,
il protesta encore contre tous les décrets qu'il
avoit sanctionnés *forcément.* Ramené et détenu
prisonnier à Paris, il protesta, pour la troisième
fois, à la tour du temple, lorsque dans son tes-
tament, il se plaignit des entreprises criminelles
de ses ennemis, qui , dit-il, *étoient autrefois ses
sujets.* Aucune autorité n'a donc pu annuler la
déclaration du 23 juin, 1789, qui est la véritable
Charte des François, puisque cet acte étoit l'œuvre
des deux parties contractantes, la Nation et le Roi.
Louis XVIII a-t-il eu l'intention (1) de l'annuler?

confiera aux Etats provinciaux l'administration des hôpi-
taux, des prisons, des dépôts de mendicité, des enfans-
trouvés, l'inspection des dépenses des villes, la surveillance
et l'entretien des forêts, la garde des bois, et autres objets
qui pourroient être plus utilement administrés par les provinces, etc.

On voit, par ce dernier article, que Louis XVI et son
conseil ne pensoient nullement à la centralisation imaginée
par Buonaparte., et resserrée encore sous Louis XVIII.

(1) En parlant de cette ancienne constitution, Louis XVIII
disoit, dans sa proclamation de Vérone, « Elle nous a mis
« elle-même dans l'heureuse impuissance de la changer; elle

En présentant, dans mes *Constitutions révolution-*
naires, l'abrégé des cahiers des bailliages de 1789,
je disois : « Cette constitution libre et monarchi-
« que que Louis XVI avoit prise pour base de sa
« déclaration du 23 juin, et qu'il espéroit pouvoir
« transmettre à ses successeurs, pure et sans
« tache; cette Constitution, seule légitime, seule
« nationale, sera sans doute aussi la seule que
« l'histoire approuvera, et que la France aura
« toujours le droit de revendiquer, comme sa
« propriété, comme son patrimoine, puisque,
« selon les principes mêmes de nos philosophes
« révolutionnaires, les droits des Nations sont
« imprescriptibles et inaliénables. »

D'après toutes ces considérations, M. le Comte,
il est évident que dans la crise horrible où vous
nous avez mis par ineptie, si ce n'est par trahison,
les deux Chambres ne peuvent, ni ne doivent
connoître de votre projet de loi ; que tout pair,
tout député doit le repousser, comme un nouveau

« est pour nous telle que l'arche sainte, il nous est défendu
« d'y porter une main téméraire..... Nous voulons renouve-
« ler, raffermir des lois salutaires, qui seules sont capables
« de rallier tous les esprits, de fixer toutes les opinions, et
« d'opposer une digue insurmontable à la fureur révolu-
« tionnaire, que tout projet de changement dans la Consti-
« tution du royaume déchaîneroit encore. »

piége de la part d'un ministère, qui , selon l'expres-
sion de G....., ne connoît en France *que le gouvernement et des individus,* ou comme une nouvelle
perfidie qui tromperoit les espérances de la Nation,
en prolongeant l'autorité de ceux qui n'ont su gouverner et administrer qu'en révolutionnant.

Oui, dans l'état où nous sommes . le seul moyen
de sauver la France, la monarchie et la charte
elle-même, c'est de revendiquer à grands cris nos
antiques institutions ; c'est de réclamer nos immunités, nos franchises, nos libertés ; c'est de
redemander notre régime municipal et nos administrations provinciales.

C'est à vous, pairs de France, c'est à vous dépu-
putés de la Nation , qu'il appartient de repousser
l'œuvre du despotisme ministériel qui menace la
France d'une dissolution prochaine. Si , comme je
dois le croire, vous êtes pénétrés de vos devoirs', si vous connoissez tout à la fois et l'impor-
tance de votre mission et la gravité des circonstances où vous vous trouvez, si, en un mot , cette
belle France , dont vous êtes en même temps les
enfans et les organes , vous est encore chère , sol-
licitez, en son nom, de la bonne foi de Louis XVIII,
l'exécution de la déclaration de Louis XVI ; invo-
quez-la comme le seul appui solide et durable de la
Charte que vous avez jurée. Protestez contre tout

ce que le ministère vous proposera de contraire à cette déclaration ; contre tout ce qui contribuera à la faire oublier ou à en éloigner les heureux effets. Députés, mandataires plus directs de la Nation, pensez à vos devoirs, consultez votre conscience, protestez, ne partagez pas la responsabilité qui pèse sur le ministère, ne concourez pas à la ruine de votre Patrie.

NOTE.

DANS un *Mémoire Historique et Politique*, contenant la relation du massacre des Catholiques de Nîmes, les 13, 14, 15 et 16 juin 1790, et des réflexions sur les causes qui l'ont amené, par M. Froment, on lit ce qui suit, pag. 35 et suivantes.

« Jamais les Protestans n'ont perdu de vue leur projet
« de renverser le trône, l'autel et les lois de l'empire. Ils
« n'ont jamais cessé de manifester des sentimens séditieux,
« et dans toutes les occasions la religion ne leur a servi que
« de prétexte. »

« L'esprit général des Protestans, dit Montesquieu, tend
« au gouvernement républicain. Les principes de cette secte
« sont consignés dans les Lettres du ministre *Jurieu*. Le
« Roi, dit-il, n'est que le dépositaire de l'autorité dont la
« substance réside dans le peuple. C'est lui qui fait les rois ;
« tout ce qu'ils ont de pouvoir est émané de lui, et la sou-
« veraineté est exercée par le souverain qu'il a fait. C'est
« un dépôt qu'il a remis entre les mains du prince, et qu'il
« peut reprendre lorsque peu satisfait de sa conduite, il
« croit voir que le roi ne remplit pas les conditions et la fin
« pour laquelle il a été mis en place ; MÊME LE SIMPLE
« DÉGOUT QU'IL A POUR LA PERSONNE DU PRINCE
« SUFFIT POUR LE LUI ENLEVER.

« Le droit de la propre conservation est un droit inalié-
« nable ; il n'y a point d'homme qui ne soit en droit de se

« conserver par toutes sortes de voies; et les sujets qui se
« croient opprimés par le souverain ont le droit d'opposer
« la force à la violence. (La F......, qui conspiroit en
1789, avec Rabaut, dit Saint-Etienne, a rédigé ces principes en axiome révolutionnaire, lorsqu'il a dit : L'INSUR-
RECTION EST LE PLUS SAINT DES DEVOIRS.) « Le peuple
« peut donc exercer sa souveraineté en certains cas, même
« sur les souverains, les juger, leur faire la guerre, les
« priver de leur couronne, CHANGER L'ORDRE DE LA
« SUCCESSION, et même la forme du gouvernement. »

« De quelles maximes, dit Bossuet, se servirent Crom-
« well et les fanatiques, pour faire entrer les peuples dans
« leurs sentimens, et pour consommer le plus grand des
« forfaits? Quelles maximes voit-on dans leurs apologies?
« dans celle d'un Milton, et dans cent autres libelles dont
« les cromwellistes inondoient toute l'Europe? De quoi
« sont pleins tous ces livres et tous les actes publics et par-
« ticuliers qu'on faisoit alors? que *de la souveraineté des*
« *peuples, de ces contrats primordiaux entre les peu-*
« *ples et les rois.* Si les peuples sont toujours, et en toute
« forme d'état, les principaux souverains, si les rois sont
« leurs justiciables et relèvent de ce tribunal, si on peut
« leur faire la guerre, appeler contre eux l'étranger, les
« priver de la royauté, les réduire par conséquent à un état
« particulier, qui empêche qu'on n'aille plus loin, et qui
« pourra les garantir des extrémités que je n'ose nom-
« mer? »

« C'est avec ces maximes, » disoit M. de Chabannes,
évêque d'Agen, dans sa Lettre au contrôleur-général,
« que les Calvinistes, sous le nom de Puritains, animés et

« conduits par Cromwell, bouleversèrent l'Angleterre,
« supprimèrent la Chambre haute, éteignirent la monar-
« chie, fondèrent une république; et, mettant le sceau à
« tous leurs excès, mirent le comble à leur crime, par le
« jugement et la mort de leur roi. »

« Sous Charles Ier, dit M. de Voltaire, l'Ecosse et l'An-
« gleterre tentèrent de s'ériger en république. TEL EST
« L'ESPRIT DU CALVINISME. Il essaya long-temps en
« France cette grande entreprise; il l'exécuta en Hol-
« lande; mais en France et en Angleterre, on ne pouvoit
« arriver à ce but qu'à travers des flots de sang. (Les Calvinistes du Midi ont-ils épargné le sang français, et ne sont-
ils pas arrivés à leur but? Ne sont-ce pas les Calvinistes
réunis aux révolutionnaires, qui ont immolé Louis XVI et
qui gouvernent l'Etat encore en ce moment? Quel est le
catholique connu pour zélé partisan de la religion, du système monarchique et de la légitimité, qui jouit d'un pouvoir égal à celui du calviniste G....?)

« Le génie de cette secte ne se rebute jamais, continue
« M. Froment; et, depuis l'Assemblée de la Rochelle, en
« 1621, jusqu'à l'Assemblée Nationale, en 1789, rien ne
« leur a coûté pour parvenir à leurs fins. On les a vus,
« anti-royalistes pendant la dernière guerre, former des
« vœux ardens pour les Anglais, parce qu'ils espéroient
« alors, en s'aidant de ces insulaires, bouleverser le
« royaume; ils devinrent ensuite royalistes par spécula-
« tion, quand ils voulurent obtenir l'édit de novembre de
« 1787, et les Etats-Généraux; enfin, ils ont jeté le mas-
« que, et ont regardé qu'ils n'avoient plus besoin de feindre
« pour établir leur république tant désirée. »

(29)

M. Burke (1), dont l'autorité, comme homme d'État et *anglican*, ne peut être suspecte, a dit en 1793 :

« Nous ne pouvons pas, quand nous le voudrions, nous
« tromper nous-mêmes sur le véritable état de cette terrible
« querelle. C'EST UNE GUERRE DE RELIGION. C'est par la
« destruction de la religion que nos ennemis se proposent
« d'accomplir toutes leurs autres vues. La révolution fran-
« çaise, impie à la fois et fanatique, n'eut pas d'autre plan
« pour la puissance en dedans et l'empire au dehors.........
« Cette guerre de religion n'est point une controverse de
« secte à secte, comme autrefois, mais une guerre contre
« toutes les sectes et contre toute religion. »

« La haine de la religion est le caractère distinctif de
« ceux qui méditent notre ruine, et je ne crains pas d'an-
« noncer, a dit M. de Châteaubriand, que le souhait du
« philosophe Diderot s'accomplira. » Ce souhait étoit, *que
le dernier des rois fût étranglé avec les boyaux du dernier des prêtres.* (*Monarchie selon la Charte*, pag. 112
et 113.)

M. Burke désignoit Rabaut, dit Saint-Etienne, comme
un des principaux auteurs de cette guerre de religion. Depuis la mort de Saint-Etienne, les Calvinistes ont-ils changé
de principes et de conduite ? Ne visent-ils pas toujours ou-
vertement au même but ? Les Calvinistes sont donc les chefs
de la conspiration générale qui menace la religion catholique, les gouvernemens monarchiques et toutes les légitimités ?

M. Sourdat a dit aussi, dans son ouvrage des *vrais au-*

(1) *Réflexions sur la Révolution Française*, nouvelle édition.
Paris, 1819, A. EGRON, rue des Noyers, n° 37.

teurs de la Révolution, « Rabaut, dit Saint-Etienne, et
« les Calvinistes du Gard, soutenus secrètement par nos
« ennemis d'outre-mer, qui vouloient se venger, ont donné
« le premier mouvement à la révolution....... » Burke lui-
même blâme, dans ses écrits, le système politique adopté
par le ministère anglois, contre la France et les Bourbons.

Pour montrer la différence qui existe entre la politique
du gouvernement anglais et celle qu'a suivie celui de
France avant la révolution et depuis la restauration, nous
citerons l'anecdote suivante, qu'on trouve dans le *Journal
des Débats* du 11 février 1820.

(*Angleterre. Londres, 7 février.*) Voici la réponse que
Georges III fit à un de ses ministres qui le supplioit d'accé-
der à la proposition d'émanciper les Catholiques (c'est-à-
dire de leur rendre la plénitude des droits politiques).

« Milord, je suis du nombre de ceux qui respectent un
« serment ; j'ai assez de fermeté pour descendre du trône,
« pour me retirer dans une cabane, pour porter ma tête
« sur l'échafaud ; mais je ne peux pas me résoudre à rompre
« le serment solennel que je fis lors de mon couronne-
« ment. »

Si Louis XVI avoit fait aux Necker, aux Malesherbes,
aux Loménie, la même réponse que Georges III à ses ministres, s'il avoit repoussé de ses conseils un Génevois calviniste et républicain, s'il avoit constamment refusé l'état
civil et les droits politiques aux Calvinistes, qui en avoient
tant abusé avant la révocation de l'édit de Nantes, ils ne
seroient pas entrés comme députés aux Etats-Généraux,
nous n'aurions pas eu la double représentation, le trône et
l'autel n'auroient pas été renversés, le clergé et la noblesse

n'auroient pas été dépouillés et proscrits, et Louis XVI n'auroit pas porté sa tête sur l'échafaud. Quels maux épouvantables a causés l'oubli du serment d'un roi !

Mais n'est-il pas étrange aussi que les plus implacables ennemis de la religion catholique trouvent parmi les ministres des autels, des protecteurs assez zélés, assez puissans pour les élever aux premiers emplois. Nous avons vu l'abbé de Montesquiou, ancien agent-général du clergé, choisir pour secrétaire-général du ministère de l'Intérieur, le calviniste G..... Pour se justifier des reproches qu'on lui en a faits, M. l'abbé disoit naïvement qu'il ignoroit que le sieur G..... fût calviniste, et qu'il n'avoit réellement bien connu que les dames de M....., belle-mère et épouse du sieur G.....

Mais si M. l'abbé de Montesquiou est si ignorant, son ex-secrétaire a bien prouvé depuis, par sa conduite politique, qu'il n'ignore point que *calvinistes*, *républicains*, *presbytériens*, *fédéralistes*, *libéraux*, *régicides*, *jacobins*, *novateurs*, *imposteurs*, sont tous des termes synonymes ; car M. G..... est professeur d'histoire moderne et auteur d'un dictionnaire de synonymes. Et l'on s'étonne que les rois et les princes soient assassinés, quand les personnages à qui toutes ces dénominations conviennent, et qui professent hautement les principes de Jurieu, sont investis de tout le pouvoir, et disposent souverainement de toutes les places et de toutes les ressources de l'Etat.

Les principaux personnages qui ont constamment suivi les Bourbons, ont-ils mis la même ardeur à protéger ceux des émigrés qui, pendant vingt-cinq ans, n'ont cessé de donner des preuves de zèle, de capacité et de caractère ? En est-il un seul que leur protection ait placé pour le service du Roi et pour l'intérêt même des grands de la Cour, comme le sieur G..... l'a été pour servir la révolution? Ne les a-t-on pas vus, au contraire, aller au-devant des révolutionnaires, les flatter, les cajoler, et tourner le dos aux braves qui se sont sacrifiés pour les servir? Espéroient-ils se les attacher en leur pardonnant le mal qu'ils leur ont fait? Ils ne savoient donc pas que les révolutionnaires ne leur pardonneroient à eux-mêmes ni leurs titres, ni leur naissance, ni leurs propres fureurs. Aujourd'hui ils gémissent, ils s'indignent. Il est douloureux, en effet, de les entendre se plaindre amèrement d'être conspués et battus.

FIN.

DE L'IMPRIMERIE D'A. EGRON,
rue des Noyers, n° 37.